T0015263

Verso&Cuento

Era inevitable

Mario de las Sagras
@soloeme

Papel certificado por el Forest Stewardship Council®

Primera edición: febrero de 2023

Printed in Spain – Impreso en España

ISBN: 978-84-03-52370-8
Depósito legal: B-21586-2022

Compuesto en Mirakel Studio, S. L. U.

Impreso en Limpergraf, S.L.
Barberà del Vallès (Barcelona)

AG 2 3 7 0 8

A K,
por enseñarme ese hogar con chimenea que fue nuestro amor,
por enseñarme a querer y con ello regalarme una vida nueva.
Por enseñarme

When the rain is blowing in your face
and the whole world is on your case
I could offer you a warm embrace
to make you feel my love.

«Make You Feel My Love»,
BOB DYLAN

Que al fin la tristeza es la muerte lenta
de las simples cosas
esas cosas simples
que quedan doliendo
en el corazón.
Uno vuelve siempre
a los viejos sitios
donde amó la vida.

«Las simples cosas»,
CHAVELA VARGAS

Prólogo de Txetxu Altube

Suena *Sur en el valle*, de Quique, en mi tocadiscos mientras empiezo este texto. A los dos nos gusta, hemos comentado estas y más canciones muchas veces. Es de los mejores.

Tenemos gustos parecidos, y los que nos conocen saben que también experiencias similares. Por eso dudé sobre si leer estos poemas antes de escribir estas líneas. Pero lo hice.

Sabía lo que iba a ocurrir, que iban a doler. Sé por lo que hay que pasar para desangrarse así. Yo he pasado por lo mismo. Por eso estas páginas duelen y gustan, dan de lleno. Estos disparos van para mí también. Por eso me puse a tiro conscientemente.

Los leí en carretera. Ha sido mi casa gran parte del tiempo el último año. Estoy cómodo ahí, vayamos por donde vayamos. Busco puntos de fuga por páramos, junto al mar o entre montañas. Así duelen más, recuerdas mejor, dan en la diana.

Mi memoria me juega malas pasadas a veces. Más de las que quisiera. Pero sí, recuerdo que nos conocimos en Tenerife (gracias, Ari, por aquella locura) y, zas, flechazo hasta hoy.

Con veinte años de diferencia, otra generación, pero los mismos síntomas: el mismo dolor de corazón y las mismas heridas. Y eso une. Vaya si une. Yo con mis canciones, él con sus dardos. Acentos distintos del mismo idioma.

Las historias se repiten con veinte años de diferencia. No seremos los únicos —tampoco los mejores—, pero somos nosotros y nos vale.

Desde entonces, desde aquel noviembre del diecinueve, compartimos nuestros trabajos, los sometemos al juicio del otro y funciona. Nos conocemos, y por muchos años; no dejemos de hacerlo. Por muchos más disparos a quemarropa directos al corazón. Donde duele, donde mata, donde nos gusta.

Creen un ambiente agradable, lean, disfruten, siéntanse protagonistas. Ese es el secreto y la magia.

Gracias, EME.

Confesión

¿Sabéis? A vosotros no os voy a mentir.

Encontrar al amor de tu vida con 22
es una bendición,
pero sobre todo una putada.

El destino se alía con el presente
para decirte textualmente:
Pero tú, niñato, ¿de qué vas?
con todo lo que te queda por vivir.
Y tienes que darle la razón.
Hasta que aparece ella,
repito, *ella*,
y entonces aprendes que la libertad
no era lo que tanto habías defendido,
que la libertad también está
en los desayunos por la mañana,
en madrugar para irte de viaje,
en trasnochar sin alcohol,
en llegar de currar y que te abracen.
Vamos, en todas esas cosas que tanto critiqué
y que podéis encontrar en cualquier película
mala de esas de Antena 3.

Ahí también estaba la libertad,
y las dudas,
las dudas siempre están,
pero en estos casos
son el Imperio otomano
y tú eres ese niño pequeño
al que su madre ha dejado solo en la cola del súper.

No puede ser ella, no puede ser ella.
Me lo repito en bucle
porque es la única manera de autoconvencerme:
repetir la mentira,
hasta que ya no recuerde
cuál era la verdad.

Y te alejas,
porque estás super convencido de que no te quiere
y si crees que te quiere,
entonces será que se ríe muy alto;
no, que tiene las piernas muy largas;
no, no, no,
lo tengo:
es demasiado responsable,
tiene un trabajo fijo,
horarios
y demasiados problemas.
Cómo vas a ser tú uno más.

Y entonces empiezas a estar más convencido:
No eres tú, soy yo, que no te merezco,
cuando en realidad quieres decir:
No eres tú, soy yo, que siempre creí que la felicidad era para otros
y ahora no encuentro la salida de emergencia.

Y mirad cómo he acabado:
delante de unos cuantos desconocidos
recopilando frases sin sentido.

¿Sabéis? Es increíble la cantidad de mierda que
es capaz de escribir un poeta
para no decir que
encontrar al amor de tu vida con 22
es una bendición
y, en el caso de cobardes como yo,
una putada.

El mundo

El viento que acariciaba
las colinas de Covadonga,
el atardecer en Benijo,
la Puerta del Sol de madrugada,
el concierto en la plaza de Armas,
Gijón en hora punta,
Burgos en soledad,
los puentes,
los edificios, las carreteras,
el coche,
los pájaros,
los animales salvajes,
los museos,
el avión.

Todo a mi espalda,

y enfrente, tú.

Dormida
como un guerrillero que,
por primera vez

después de demasiado tiempo,
descansa sin poner la mano en el arma.

Debería corregir un verso,
por hacer honra a mi sinceridad.

      Resulta que el mundo
              eras tú,
              lo demás solo decorado.

La felicidad de lo imperceptible

Hay varios olores y sonidos
que siempre me hacen feliz:
el de la cafetera
llegando a su humeante clímax,
el de la lluvia cualquier noche de verano,
el de la lata de cerveza abriéndose, el de la tierra mojada,
el césped recién cortado,
el de la gasolina solo a veces
y siempre el del fuego.

Pero desde hace unos días
he sumado algunos más
a la lista.

El del cierre de sesión de tu ordenador,
para mí melódico como una orquesta sinfónica,
cuando llegan las ocho
—hora arriba, hora abajo—
y acabas tu interminable jornada laboral.

El sonido de tus pies descalzos
como gotas de agua discretas
recorriendo el salón hasta mi puerta.

El crujido de la madera
de esta cama antigua
que me avisa de que te has tumbado en ella
y me acaricias.

Ya ves, los nuevos
fichajes, los nuevos
sonidos,
los nuevos olores
son los más diminutos
y, sin embargo,

      desde hoy
      y hasta mañana,
            serán mis favoritos.

Volver a manchar

Esta mañana al recoger
las dos copas de vino de la cena de ayer,
me ha invadido una extraña sensación:
por primera vez en mucho tiempo
no me ha dado pena limpiar
la marca de tus labios en ellas.
Quizá la vida y la felicidad
sean algo tan simple
como no tener miedo
a borrar los pequeños detalles
porque tienes la seguridad
de poder volver a vivirlos.

Sí, definitivamente,
la felicidad,
el amor
y la vida
deben ser eso:

tener la certeza de que mañana
podrás volver a manchar la copa,
que este vino
no es el último.

Domadora de bestias salvajes

La he visto bailar en la cuerda floja que marca el límite y mover las caderas de tal manera que hipnotizó al viejo demonio que habita en mi cabeza. La he visto sonreír haciendo de la vida su guerra y de mis noches trincheras, librar batalla con sus dudas mientras afilaba la espada con la que venció, imponiendo su bandera blanca en mi tristeza.

La vi brillar y vi cómo la denunciaba por contaminación lumínica, muerto de celos, el colectivo de estrellas. La vi ser atenta con todo el mundo, regalar una rosa a cualquiera que se cruzara en su camino, y después, en secreto, limpiarse el guante que, de tantas espinas arrancadas, supuraba sangre seca.

La vi abandonarse a la vida en una ventana y caminar agachada, porque el pasado nunca dejó de ser carga, de esas que doblan espaldas y alzan la valentía en la mirada.

La vi domar todo animal salvaje que nos cruzamos y calmar cualquier invierno interno, y sonreír al borde del precipicio para enseñarme que del amor se aprende a convertir la cama en revolución.

La vi reírse a escondidas cada vez que yo resoplaba admitiendo que me acabaría comiendo todos los versos en contra del amor que siempre sembré, y, una vez, incluso, la vi mirar al horizonte suicidando el vuelo por permanecer a mi lado.

La vi ser la heroína de los sábados por la noche, pero también la primera en encender las calles el lunes de madrugada, y reír sin prisa, besar sin miedo y dejarse acariciar como aquel perro abandonado que no recordaba ya si el roce de piel humana provocaba placer o daño. Y la vi volcarse en mi mano cuando entendió que mi única intención era ser bálsamo.

La vi vencer a la lluvia más terrible con un ataque de cosquillas y mirarse al espejo siendo inconsciente de tremenda maravilla.

La he visto tanto
         que ahora entiendo
               por qué el resto no puede
                     dejar de mirarla.

A veces,
echo de menos echar de menos.

Es su turno

Jugar a ser dios nos ha salido demasiado caro: poner precio a la semilla, alquilar el árbol y cobrar por el fruto. Creernos dueños de todo aquello que no valía monedas, hacernos propietarios por derecho del mar, la lluvia e incluso del sol.

El ser humano ha jugado una partida de ajedrez contra la naturaleza, encadenando movimientos sin tregua, con la venda de la avaricia tapando la inocencia de la mirada. Pobre iluso, tanto desarrollo y sigue sin entender que la primera regla para ganar cualquier batalla es dejar mover ficha al contrincante. Si no sabes por dónde ataca el enemigo es imposible saber defenderse. Hemos movido el peón, la torre, el caballo y pensamos que con eso la partida ya estaría en nuestra mano.

Pero terminó su turno y ahora se ha convertido en *sparring* de una ola de golpes que sabrá a venganza y dolerá como esas heridas que nunca cicatrizan.

Es el turno del pájaro al que el claxon robó la voz, también del árbol al que desnudaron —no hay más necio que aquel capaz de asesinar a su propio oxígeno—. El delfín desquiciado vuelve ahora con la rabia de lo injusto, y volverá también la jodida semilla que plantamos para nuestro beneficio —como en tiempos de guerra cuándo se usaba a los prisioneros para servicio propio.

Es su turno, estamos agotados de tanto movimiento sin tregua.

Ahora, dime tú, ¿de dónde sacamos el aire que nos va a faltar tras recibir todos los golpes que nos vienen?

Todo lo que soy sin ti

Quedan huellas en la orilla de un mar que nunca pisamos, noto los besos con sabor a salitre que nunca te di, fumo y escucho a Quique. Memorizo cada taza de café que te salvó la vida y recojo de la mesa los restos de la cena de ayer, que no fue contigo en acto, pero sí en recuerdo, como ya acostumbran a ser todos los momentos en los que creo haber conquistado a la soledad.

Es entonces, al igual que el rayo de sol que se cuela por la maldita persiana y comienza a alumbrar todo como lo que es: el despertador de la naturaleza. Es entonces y también sin permiso, cuando tu recuerdo vuelve a alumbrar cada centímetro de esta habitación que un día fue nuestro reino y hoy tan solo mi trinchera.

Es entonces también, cuando comprendo que todo lo que soy sin ti es un almacén de abrazos descatalogados, una despensa de promesas incumplidas, una nevera de besos que ya no calentarán y la calefacción de un corazón que, a falta de ti y de valor, prefiere aumentar la factura del gas.

Tu recuerdo es un rayo de sol
que alumbra mi trinchera sin pedir permiso.

Este es el verso, todo lo demás, decorado, artificios, metáforas, paralelismos y demás trucos innecesarios de magia a los que juego para ganarme el apodo de poeta.

¡Seré imbécil! Lo acabo de entender: todo lo que soy sin ti es un maestro en el humilde arte de esconder que te echo de menos.

Revolucionario de sofá

Como ese niño pequeño que llora y patalea hasta que de repente para porque ha olvidado el motivo de la protesta, para, acto seguido y casi siempre por inercia, volver a los lloros, las pataletas, el moco en la barbilla y el grito de guerra en el cielo.

Daremos gracias al señor si el niño no nos pilla cerca, en la terraza de algún bar al que hayamos ido a protegernos de todo, y demos aún más gracias al señor por, en ese preciso momento, no tener ningún arma a mano, porque juro, sin ningún tipo de conciencia, que la usaría. Lo siento, pero ante todo mi supervivencia.

Es eso a lo que me recuerdas tú, gran revolucionario de sofá, con tus frases incendiarias y tu halitosis de zumo de naranja, tus zapatillas de andar por casa, tu cómoda cama, tu caliente ducha y tu desayuno cada mañana.

Me dan el mismo asco el niño y tu subversión hogareña, exactamente el mismo.

Y demos gracias al señor de nuevo, porque siempre consigue que me cruce con ellos cuando no tengo un arma a mano.

Quizá no entiendas mi rechazo: es que me recuerdan que un día fui ellos y que cualquier día, si me despisto, puedo volver a serlo.

Echar piedras al camino llano

Recorrimos el norte sintiendo cómo cada bocanada de aire fresco nos limpiaba por dentro. Jugamos al amor como dos niños pequeños en el patio de un colegio, es decir, con inocencia y sin miedo. Nos rendimos al sentimiento maestro de dejarnos ser, sin más. Fuimos dos actores que, tras bajar el telón, no saben si la sonrisa es personaje o realidad y luchan contra todos los molinos del camino. Porque sí, amor, eran molinos, por mucho que nuestros miedos los quisieran llamar gigantes; eran molinos intentando con su soplo darnos el empujón que nos faltaba. Quizá por eso fuimos a por ellos.

Y al final perdimos la guerra, pero, vamos a dejar de engañarnos, nosotros éramos escudero y enemigo, financiamos todas y cada una de las batallas internas que nos acabaron destronando. Joder, adiestramos frente a nosotros al mismísimo Imperio otomano para no sentirnos culpables al sentirnos derrotados.

Y yo sé, pero tú también, cuál fue el motivo de darnos el puñal en cada beso, la cicuta en cada brindis y la lágrima tras cada orgasmo.

Fue esa inherente sensación de no creernos merecedores de la felicidad, de echar piedras al camino llano para tener algo en lo que excusar que tropezamos. Fue esa manía de convertirnos en los dictadores que tanto odiamos y obligarnos a nosotros mismos, del amor, a exiliarnos.

NO ES EL PERRO

Es la soledad el animal más fiel al ser humano.

Y ahora me contemplo ante este escritorio,
más que como poeta, como un guionista
de ficción; y además, de esos cabrones que
al principio de la película te cuentan que está
basada en hechos reales.

Un destello

Volviendo a casa
en mitad de la madrugada
por una calle oscura,
de repente,
me ha iluminado la cara
—sin previo aviso—
el destello de una farola
encendiéndose.
Y me he acordado
de la primera vez
que te vi sonreír
en medio de aquel pub
de mala muerte.

Ya ves, a veces, la vida
            es un tren que te pilla despistado
                        en mitad de la vía.

De antemano

Nunca te lo confesé,
pero siempre odié
con todas mis fuerzas
esa manía tuya de preguntar
sin pronunciar la
interrogación,
como quien cuestiona confirmando.
Me daba miedo darme cuenta
de que me conocías tanto
que ya sabías

de antemano

todas mis respuestas.

¿Cuánto tiempo tuvimos la felicidad delante

y cerramos los ojos?

Llamemos a las cosas por su nombre

Es ahora cuando hago sin ti todas esas cosas que aprendí
a hacer contigo,
cuando entiendo que el amor no existe.
El amor no va a ver a mi abuela,
no come con mi padre,
no me acompaña mientras fumo por la ventana.
El amor no tiene nada de extraordinario,
no me dio superpoderes;
no mejoró ni mi retina, ni mi olfato, ni mi tacto.
El amor no hace nada,
el amor no vive,
el amor no sirve.
El amor no provoca mariposas en el estómago,
no ríe, no salta, no besa y apaga el mundo.
El amor no llega sin dormir de trabajar y se va de viaje
ni tiene una botella de vino siempre lista.
No me regala libros de Karmelo,
ni me agarra de la camiseta
para que no me meta en líos en los bares.
El amor no se queda dormido en mi espalda,
ni me acompaña al teatro,
no coge vuelos y cruza un mar
por verme en el escenario,

ni me pone música por las noches para
calmar mis diablos.
El amor no me reconcilió con el del espejo,
ni me enseñó a querer, ni me vio llenar salas cumpliendo mi
[sueño.

No,
el amor no estaba allí.

El amor ni siquiera me arropó cuando tenía frío interno, ni me
salvó la vida aquella fatídica madrugada.
El amor no ha controlado mis impulsos
ni besado mis miedos,
ni seguido mis locuras.
Que no, joder, que no,
que el amor no me hizo sonreír sin motivo,
llorar de alegría,
olvidarme de la vida.

El amor no tuvo
                    ni la paciencia,
                            ni las ganas,
                                    ni la fuerza.
El amor no,
el amor nunca.

El amor no me hizo ni feliz ni mejor persona.
Fuiste tú,
así que empecemos a llamar a las cosas por su nombre.

Cuéntame, amor

¿Cuánto pesa el beso que no das?
¿Y el que das pero nunca olvidas?

Cuéntame, amor. Tú que has conseguido pasar página sin cortarte y manchar con la sangre del recuerdo todos tus siguientes capítulos; tú, que has vuelto a escribir *te quiero* en otras espaldas, a gemir en colchones ajenos; tú, que te has dado el lujo de volver a ser feliz compartiendo hogar sin encontrarme al cerrar los ojos cada noche.

Cuéntame, amor, cómo es escuchar nuestra canción sin que ningún torpe enamorado te pise los pies; a quién regañas ahora que no encuentras el salón desordenado, lleno de restos de tabaco y folios en blanco, porque el miedo acabó censurando la canción que siempre te prometí, pero que nunca te hizo justicia.

Dime dónde guardas la ilusión con la que colocamos cada ladrillo del pasado que un día fue presente y que convertimos en reino, refugio, vino, Gijón e incendio. Cómo contarte que aún me acuerdo de ti al subirme a cada escenario; que me enseñaste que crecer significa saber que el mar, el sudor y la lágrima saben a lo mismo aunque no sientan igual; cómo explicarte que entendí que el amor era no tener miedo a la mañana siguiente, porque amanecerías a mi lado. Qué les digo a todos aquellos vecinos que nunca nos saludaron y hoy no paran de preguntar por ti; cómo cojones borro el corazón que dibujaste en la luna del coche aquella noche de invierno donde el vaho se convirtió en lienzo y nosotros en los animales más salvajemente civilizados en kilómetros a la redonda.

Cuéntame, amor, cómo se olvida todo esto, cómo borro las fotos que guardo en la retina, dónde está el botón para no buscarte en cada beso, suplicarte en cada insomnio, rendirme al altar de tu ombligo en cada puta madrugada. Cómo se olvida a la única persona que es capaz de empujarte al vacío y después besarte la herida para, entre sonrisas, enseñarte que intentar volar siempre tuvo un precio.

Cuéntame, amor, tú que ya has llegado a la meta, cómo hago para no recordarte al entrar en cada teatro, al oler por casualidad tu perfume por Madrid y volver a sentirme el niño más afortunado del patio.

Cuéntame, amor, por favor, tú que lo conseguiste.
Necesito saber cómo o, al menos, hacia dónde

…huir.

Verte desnuda fue mi primer
contacto con Dios.

Voluntario.

Me miro en el espejo

Me miro en el espejo, me analizo, me cuestiono, me culpo, me aplaudo, me lloro, me ovaciono. Me veo enorme, guapo y un poco más delgado. Veo un disparo en la sien y con mis restos se forma siempre la misma frase: *¡Camarero, una de Sabina, por favor!* Me miro en el espejo y me aburro, me gano, me pierdo, apuesto todo a caballo ganador y siempre soy el vencido.

Me sonrío con cara de cabrón, me insulto a gritos, me corto las venas y de la sangre derramada surgen flores rojas, amarillas y moradas.

Me veo feliz, me veo sudando. Y me vuelvo a ver llorar.

Si me miro en el espejo, me veo consumido ante esta sociedad que me obliga a correr y yo sigo sin aprender a andar. Me veo clavando estacas en las heridas que aún no he conseguido cerrar, me veo encerrado en una jaula de complejos e inseguridad y me veo con una fachada que poco soporta ya. Si me miro en el espejo, me odio tanto que me acabo queriendo, me veo mentir y me veo amar, me veo abrazar y nunca me siento abrazado.

Si me miro en el espejo, me devoro sin hambre, me disparo sin tregua, me beso sin razón, me veo en otros tantos rostros que ya no sé con claridad cuál de todos soy yo.

Veo una melancolía con ojeras que tiene la sonrisa más triste de Madrid. Me veo dejándome la voz en cualquier concierto, brindando por la vida en cualquier esquina de Malasaña, bendiciendo a la muerte por ser oportunidad.

Me veo observando el suicidio como una salida, el camino como un suplicio y el regreso de la primavera como una meta. Me veo colgando en un patio de luces y no sé si gritar *¡ayuda!* o *¡empuja!*

Me veo buscando calor en colchones ajenos, la aprobación en cuerpos ajenos, la vida en lo ajeno. Y veo devastado mi interior, en ruinas por culpa de una guerra que solo supe alentar. Y veo un corazón lleno de metralla y unas manos que, de tanto olvidar caricias, se convirtieron en balas.

Si…

Si te bajase la luna,
me dirías que no mereces tanto,
que te sientes pequeña a su lado,
que la noche siempre te dio desconfianza
igual que mi sonrisa antes de besarte
o que nunca te gustó danzar en la luz
por miedo a ver tus sombras.

Si te bajase el sol,
me dirías que no mereces tanto,
que te sientes pequeña a su lado,
que el día nunca te gustó
porque lo inundan los mundanos,
que odias el calor
y por eso siempre huyes a la montaña en verano,
o que no trajiste la crema protectora
y sería irónico morir quemada
cuando siempre fuiste la reina del hielo.

Si te prometiese un palacio,
me dirías que no mereces tanto,
que te sientes pequeña a su lado.
Me atarías una bandera republicana al cuello

y me enseñarías que con ella se puede volar,
        porque la libertad siempre nos dio las alas
                que las coronas quisieron cortarnos.
O me dirías que te sobra espacio,
que tu mundo inabarcable es interno
y que por eso te vale con un par de metros cuadrados.

Si te jurase una vida entera,
me dirías que no mereces tanto,
que te sientes efímera a su lado.
Sacarías la artillería de lo caduco
y dispararías que un *para siempre*
le quita toda la gracia al juego del amor.
Que tú estás aquí porque no sabes si yo mañana estaré,
que me besas porque no sabes cuándo será la última.
Y yo te seguiré el rollo y diré
que tampoco recuerdo aquella noche de Madrid,
en el garito de la *dosde* cuando ocurrió por primera vez.

Ahora que sé todo lo que no quieres,
todo lo que no mereces,
todo lo que te hace sentir pequeña,
todo lo que te abruma,
te aburre
y te cansa.

Ahora que sé todo lo que no quieres,
es cuando sonrío al escuchar que a mí sí.

A mí sí me quieres.

Tenía, tengo y tendré tanto
que decir...

que se me amontonan las palabras en la punta de las ganas
y ni yo termino de saber por dónde van a salir.

Aprendí de la libertad mirando entre los barrotes
de una jaula que yo mismo fabriqué.
Me volví bilingüe para entender el idioma de nuestras miradas
y aprendí el nuevo valor que, sin permiso,
tomaron las cosas cuando decidiste huir.
La cama vacía de ti, por ejemplo,
comenzó a significar *nostalgia.*
Tu recuerdo: *castigo.*

Me doctoré en la religión de tus sonrisas
y me volví fiel seguidor de tus idas y venidas.
Acabé imponiendo bandera blanca
en la cima de mis miedos,
barriendo los fantasmas bajo la alfombra de la risa
y aguantando la fachada —peor que mejor— como podía.

Hoy en día, con todos los testigos mirando,
asisto como acusado al juicio de tu pasado.

Me culpa de un recuerdo que no borré,
siendo lo pactado,
pero ni yo fui honesto
ni tú tuviste el valor de sentir para contarlo.

Tampoco termino de saber explicarte
que hablar de ti
fue hablar de nosotros,
y, aunque suene a tópico,
es una verdad meteórica,
no un verso metafórico.

Me pregunto por ti...

cuando me ocurre algo
y no te encuentro al otro lado de la cama.
Cuando me dan las buenas noticias,
pero sobre todo las malas.
Me pregunto por ti,
por desgracia para mi salud mental,
cada mañana.
Imagino que irás por el sexto café;
estarás rodeada de papeles,
números y obligaciones.
Todas esas cosas
a las que tú siempre supiste
hacer frente.

Pequeñas burocracias sociales,
decías;
precios a pagar
por los besos sin miedo,
los viajes,
los hoteles...

Si te soy sincero,
me pregunto por ti
por desgracia para mi salud mental
cada mañana.

El olvido le ha encendido el cigarro al recuerdo
y se ha sentado a esperar, con calma.

Y yo solo puedo pensar
cuán hija de puta debe ser la
vida, para hacerme pagar este
precio por una huida.

Frágil

He defendido tanto
la valentía
que cuando llegaste no me quedaba.
La gasté en revoluciones,
manifestaciones,
protestas,
incendios…
Y ahora
me doy cuenta
de que no encuentro fuerzas
para susurrarte un mísero
te quiero.
Primero hui de las obligaciones;
después de la rutina,
la vida sana,
los polvos con la luz encendida,
los besos al despertar…
Hui tanto,
que me pasé de frenada.
Ahora estoy de pie
en esta estación
abandonada,
huérfano de ti,

con el frío de los besos que no se dan,
de la soledad no querida,
pensando que lo merecía.

Es justo perder al amor de tu vida
si todo paso hacia delante es de huida.

El huracán.
El volcán.
El incendio.
El vendaval.
La inundación.
El tsunami.

Piensa en cualquier desastre natural.

Ninguno tiene la fuerza
de la nostalgia de un beso.

Qué se hace con el amor

Perdón por la torpeza,
pero nunca nos enseñaron
qué se hace cuando todo sale bien.
Y así andamos ahora por la vida:
pidiendo perdón tras el *te quiero*;
aguantando la tormenta emocional
con miedo a dar cariño por recibir la bala;
con miedo a que esta sociedad juzgue lo
que sientes,
si lo sientes demasiado rápido,
demasiado fuerte,
demasiado alto.

Qué estamos haciendo del amor.
Lo estamos reduciendo a la mínima expresión.
     Al miedo al daño.
          Al miedo al rechazo.
               Al miedo al miedo.

Y yo, personalmente, estoy cansado.
Cansado de tener que ahogar el abrazo,
de caminar con cuidado,

de no mostrar demasiado cariño
    ni demasiados besos
       ni demasiado sentimiento
porque *frena, que se va a agobiar,*
¿cómo le vas a decir eso si os acabáis de conocer?,
estás yendo muy rápido, se va a cansar.
Harto de oír que tengo que frenar el sentir,
que tengo que bajar un par de marchas.
Harto de que nos obliguen a encerrarnos en nuestra propia jaula
y encima,
después,
nos culpen por perder la llave.
Harto de la hipocresía.
Harto de los idiotas que creen que el amor es cuestión de tiempo.

Qué estamos haciendo del amor si lo
reducimos a tazas de Mr. Wonderful,
a frases fáciles,
a arte plástico,
a mierda.

Estoy harto de pedir perdón tras decir *te quiero,*
de no poder enamorarme a primera vista,
de no poder abrazar pronto,
de echar de menos tarde,
de besar mucho,
    qué coño,
    todo el rato.
       Quiero besar todo el rato.

Que la gente me mire
y se muera de envidia
porque hemos entendido
lo que ellos no nos quieren enseñar.

Qué cojones hemos hecho del amor,
si nos da miedo sentirlo, vivirlo
e incluso, a veces, hacerlo.

Yo, personalmente, estoy cansado de ocultarlo.
Así que perdón por la intensidad y el *te quiero*,
pero estoy harto de luchar contra esta corriente
de aguantar el deseo
y no te lo puedo decir más claro,
pero si quieres sí algo más alto.

Nuestra sociedad no, pero...

Nuestra sociedad no es homófoba,
pero *maricón el último*;
nuestra sociedad no es machista,
pero *llorar es de niñas*;
nuestra sociedad no es racista,
pero *es que los inmigrantes nos quitan el trabajo*;
nuestra sociedad es laica,
pero *me cago en la virgen*
es comprar un billete en primera
para el juzgado más cercano.

Nuestra sociedad es mentalmente avanzada,
pero *niña, bájate la falda, si es que vas provocando.*
Normal que os pase lo que os pasa.
Niño, no te puedes poner ropa de otros colores,
¿es necesario que te pintes las uñas?,
deja las muñecas y ve con el balón;
nuestra sociedad no es fascista,
pero *Mario, no digas que eres antifascista*
por si te metes en líos;
nuestra sociedad no es cobarde,
pero sigue teniendo miedo
a quienes nos deberían tener terror.

Era inevitable

Nuestra sociedad no tiene censura,
pero *mejor no digas,*
      pienses,
         escribas,
            grites,
               recites,
                  eso.

Nuestra sociedad no infravalora la cultura,
pero *¿en serio quieres ser actor, cantante,*
escritor,
pintor,
artista?
Eso son cosas de niños,
tú estudia una carrera con salidas,
sé médico,
ingeniero,
arquitecto.
Bueno, venga, ve a estudiar, que yo me voy a un concierto.

Nuestra sociedad no maltrata animales,
pero *es que los toros son tradición.*

Nuestra sociedad es feminista,

justa,

antifascista,

culta,

luchadora,

animalista,

democrática,

avanzada,

pero…

Esta lluvia,

la que ahora moja una avenida vacía.
Es esta misma lluvia
la que un día nos caló hasta los sueños
bailando noches de boda en las fiestas de
Vitoria. Es la misma,
lo prometo.

Pensarás que es una licencia poética

de esas que me tomo
de vez en cuando
para adornar la gris rutina,
pero esta vez
no hace falta.

He salido a mojarme
y las gotas me han rozado
como el que acaricia a un perro abandonado
o como el rico que da limosna al salir de misa,
con esa exacta mezcla
de ternura y superioridad.
Deben ser ellas,
no hay dudas que valgan,

son las mismas.
          Lo recuerdan,
                    nos recuerdan.

Y no me da miedo que sean ellas.
No me da miedo
que aprovechen nuestra ausencia
para formar su imperio de charcos.
Pero quería confesarte
que hay algo que me aterra,
y es que he sentido
cómo esas malditas gotas lo sabían.
Sé que lo saben.
Y eso sí me da miedo.
Me aterra enormemente
que alguien más aparte de mí

sepa que
          aquella noche
                    fui feliz.

Si vas a disparar

Si vas a disparar
espera a tenerme desnudo en tu colchón,
vulnerable, frágil,
a merced del disparo.

Si vas a disparar,
hazlo ya.
No pienses.
Borra en un segundo
todo este presente,
este huracán de ilusión
que está a punto de arrastrarme.

Si vas a disparar, hazlo ahora,
antes de que tu sonrisa eduque en democracia
a todos estos besos
a los que yo mismo adoctriné en la anarquía.

Hazlo ya, por favor,
aclara esta neblina que me ciega
cuando intento ver un futuro contigo
y me invade la duda
y el mañana es una utopía.

Si vas a disparar,
apunta bien,
Porque, a diferencia de todas esas pelis de los 80
que tanto te gustaban,
si tu intención es acertar,
eliminarme,
olvidarme
o hacerme desparecer,
no apuntes a mi cabeza;
el culpable es el corazón.

Si vas a
disparar,
acércate un
poco más,
juega a ser Judas con tacones.
Acércate, bésame una última vez.
Hazme ascender al cielo sin
transbordos en cualquier línea de
Madrid.
Acércate, mi amor,
vamos a brindarle un
acústico
de gemidos a las
estrellas.

Si vas a
disparar,
date prisa,

Era inevitable

porque si vuelves a morderte
el labio mientras me apuntas,
si vuelves a hacerlo,
no te dará tiempo a nada.
En el siguiente pestañeo me tendrás encima,
dejando en tu espalda tatuada a mordiscos una
penúltima frase:

Dispara ya, porque las ganas de ti también matan.

Si vas a disparar,
por favor, esta vez hazlo bien,
porque, mira por la ventana, amor:
ha vuelto el frío y sigo vivo.

Me gustan los días nublados.
Es como si la vida te dijera:

Tranquilo, a veces, yo tampoco lo tengo nada claro.

Lo invade todo

haciendo un ruido ensordecedor
miles de caballos salvajes recorren el pasillo
es la reencarnación de cualquier imperio
va dejando huellas
pisadas con resto de nostalgia
ojeras
y recuerdo

                                                        se acerca

está en el umbral de la puerta
mirándome fijamente a los ojos
lo reconozco
y tiemblo

                                                es el silencio
                                        y cuando tú estabas aquí
                                            no daba tanto miedo

Ahora

Ahora que el miedo me tapa los ojos y los
espejos siempre reflejan a otros.
Ahora que la verdad se sirve sin hielo
y nos quedamos sin excusas
para frenar al invierno.

Ahora que el tiempo parece no pasar
mientras la vida circula en dirección prohibida.
Ahora que encuentro la comodidad
en la ciudad vacía
y que la nostalgia es un postre recalentado
en una habitación de hotel
con tu parte de la cama fría.

Ahora que por fin veo
que fuimos caballos salvajes
encerrados en un laberinto
de obligaciones y deberes sociales.

Ahora que esta carta no tiene destinatario
y uso como sello el whisky dulce
de estos labios no besados.

Ahora que siempre llego tarde a tu cita
y me aterra lavar la taza
manchada de tu pintalabios,
Ahora que las cosas que existían,
como yo,
van desapareciendo tras tu rastro.

Ahora que la duda es un bálsamo
que baña a la certeza
y todo lo que tengo claro
se esconde en la tormenta.

Ahora que olvidé de dónde vengo
y solo voy donde me obligan a ir.
Ahora que no soy dueño de mis pasos
y reniego de ellos
si no me alejan, acercándome a ti.

Ahora,
        es ahora,

cuando me despido
del tipo que fue feliz.
Aquel que,
por alguna extraña razón,
cuando estaba contigo
se parecía tanto a mí.

Melancolía de ti

Es extraña.
Esta melancolía de ti que me invade
es extraña.

Es como la niebla espesa de la madrugada,
dificulta, pero no impide el avance.

Es fría.
Esta melancolía de ti que me invade
es fría.

Como un beso en el invierno ruso,
porque aun en medio de la nieve,
abriga.

Es misteriosa.
Esta melancolía de ti que me invade
es misteriosa.

Como un hombre sentado
en el arcén de una autopista,
porque, sin saber, sabes
que tiene razones para estar ahí.

Es distante.
Esta melancolía de ti que me invade
es distante.

Como un jefe que te invita a copas,
pero mañana te volverá a mandar
y tú a cumplir.

Es amargamente dulce.
Esta melancolía de ti que me invade
es amargamente dulce.

Como un trago de whisky después
de un día de trabajo,
con esa mezcla de paz y descanso.

Pero, sobre todo,
es inoportuna.
Esta melancolía de ti que me invade
es inoportuna.

Porque siempre llega
cuando he sido capaz
de decirle a todos mis amigos:

Ya la he olvidado.

Besarte siempre supo
a horizontes sin fronteras.

Y eso
para un utópico como yo
era demasiado irresistible.

En mi escritorio, un tintero se desborda,
hay marcas de vasos de café,
un cenicero a rebosar,
mil libros empezados,
la pluma
y una libreta.

Parecen el público de un teatro
que espera el estreno de una nueva obra.

A ver cómo les explico
que el silencio es nuestro mejor diálogo.

Un día cualquiera

Un día cualquiera
la vida me vio contigo
y nuestro error fue
no darnos cuenta.

Desde entonces,
los pájaros no me cantan igual,
las hojas no crujen a mi paso,
los espejos me observan desconfiados.

Desde entonces,
el aire sopla con cierta violencia,
amagando la caricia,
castigando la
conciencia.
El fuego no deja humo,
el mar es un cielo borracho.

Desde entonces,
el calor,
el frío,
la montaña,
la fuente,

todo,
       todos,
              me miran mal.

Un día cualquiera
la vida me vio contigo
y nuestro error fue
no darnos cuenta.

Aquel día la vida dictó sentencia
y aún hoy sigo pagando mi castigo.

Quererte valió la pena.

Siempre hubo dos tipos
de personas perdidas:
las que no saben dónde están
y las que no saben a dónde van.
Yo soy las dos.

Tendremos que tener cuidado

Querrán ponerle nombre.

Decirnos lo que tenemos que decir,
cómo lo tenemos que vivir,
y en qué tenemos que invertir
el tiempo que pasemos juntos.

Querrán ponerle nombre.

Sonreirán al vernos sonreír
y se reirán,
porque la envidia
se transforma a su manera en cada rostro.

Tendremos que tener
cuidado, porque querrán
ponerle nombre
e, incluso, puede que
derribarnos.

Tendremos que tener cuidado,
ser felices en público
puede salirnos caro.

Sociedad hipócrita

Sociedad enferma del tonto por cero, las cuentas corrientes, el corazón a terceros, la deuda preferente, la vida a todo riesgo.

Sociedad hipócrita, superficial, del tanto vistes, tanto vales; tanto gastas, tanto tienes; de escaparate, moda, lujos y estándares.

Sociedad hipócrita que defiende al negro que marca goles y tira billetes mientras pone muros al que viene en patera buscando la falsa utopía de una vida buena.

Sociedad hipócrita que alza la voz en contra de lo que ofrecen el mercado, la televisión, los medios de comunicación, pero en privado consume todo lo que ha criticado.

Sociedad enferma del post rápido, la queja eterna, la lucha nula y la comodidad como blanca bandera y excusa.

Sociedad hipócrita, que juzga con quién te acuestas, con quién te levantas, a quién besas, a quién amas, con quién vives o con quién te casas.

Era inevitable

Sociedad hipócrita que llora al ver un desahucio y maldice a los bancos a los que luego acude para pedir financiación y préstamo.

Sociedad hipócrita que señala al verdugo con rabia y no se ve a sí misma porque su ego empaña el cristal de la autocrítica.

Sociedad cínica que desperdicia toneladas de comida y luego siente compasión ante los anuncios de *apadrina vidas.*

Sociedad demente que olvida el pasado convirtiéndolo en presente. Hace cincuenta años, se decía *¡alto o disparo!*; ahora es lo mismo, pero amordazándonos —perdón, quería decir disfrazándolo.

Sociedad hipócrita y enferma que tiene como modelo Europa, pero cuando se trata de derribar mausoleos fascistas, saca la porra.

Sociedad hipócrita donde el más patriota es el que más pasta se lleva; pero con la bandera en la muñeca siempre creando fronteras.

Sociedad cínica donde encierran al pobre entre rejas por sus ideas y el rico disfruta del soplo de aire de la libertad después de defraudar a Hacienda.

Sociedad hipócrita que margina al raro, creando copias exactas de seres humanos. Quizá los locos son los cuerdos y el resto de gente común, la demente.

Sociedad hipócrita.

Sociedad cínica.

Sociedad enferma.

Por mí y por todos mis compañeros;
pero, por mí, por mí el primero.

Echo de menos hasta tu silencio.
Creo que eso lo explica todo.

Echar de menos
    hasta aquellas cosas
        por las que me hubiera marchado
            para siempre.

Debí haberte sabido explicar
que cuidarte

es cuidarme,

porque una parte de mí
vive contigo.

Mi amor es agua,

surca ríos salvajes
y desemboca en personas
como inmensos mares.

Cada río tiene un caudal distinto,
una fuerza,
        una voz,
                una caricia,
                        un ritmo.

Heráclito estaría orgulloso de mi amor,
porque es corriente que arroya,
en la que no te puedes bañar dos veces
de igual forma.

Sin embargo,
cuando llegaste
mi amor siguió siendo agua,
pero tú eras todos los mares.

Lo único que nos queda
a los artistas
es la felicidad
de haber sabido explicar
nuestra tristeza.

Septiembre sin ti

Saber que no fui tu primer amor

me alivia casi tanto

como saber

que tú si fuiste

el mío.

Siempre me ha gustado el pasado,

pero ahora que estás a punto
de mudarte a él,

lo he empezado a odiar.

En mi sitio

Hoy la vida,
como viene siendo costumbre últimamente,
me ha vuelto a poner en mi sitio.

Hace unos días criticaba
una frase que vi pintada en un muro:
Cuida lo que amas,
porque los recuerdos no se abrazan.

Me pareció
la típica frase
de autoayuda
que quemaría
sin ningún tipo de remordimiento.

Pero esta noche al llegar
a casa,
ahí estaban:
el libro que me regalaste,
nuestras fotos
y la libreta donde sobreviven
todos los poemas que formarán este libro
y que aún no has leído.

Al final del escritorio,
el vino que aún guardo
porque prometí beberme contigo.

Ahí estaban,
los recuerdos.
Solo me ha quedado sonreír
y aceptar la derrota con deportividad.

En ocasiones,

cuando te veo llegar
desde el final de alguna calle,
con ese andar tan tuyo
de pasarela,
siempre tan elegante
y con esa mirada
y la fuerza de huracán   despistado
que ni siquiera sabe todo
lo que arrastra a su paso,

pienso que todo ha sido un sueño,
que seguirás caminando,
pasarás de largo,
saludarás al chico con traje
que está a mi lado
o entrarás en una tienda
sin ni siquiera notar mi presencia.

En ocasiones,
cuando te veo llegar
desde el final de cualquier calle
y te paras frente a mí,
me reconoces,

existo para ti,
me besas,
te abrazo.

En esas ocasiones
entiendo
que, a veces,
          soñar
          sale barato.

No podría con, pero tampoco sin

Costa quebrada
16.07.19

No podría vivir como ella: con esa asombrosa responsabilidad en cada pestañeo. Como las antiguas columnas romanas, es capaz de aguantar la presión de todo un coliseo.

No podría vivir como ella: dejando de lamer mis heridas para curar las del resto, observando a mi alrededor cómo todos lucen sus cicatrices mientras yo me desangro en el gesto. Cuidando tanto y tan bien de ellos, tan poco y tan mal del espejo.

No podría vivir como ella: siendo guía de cada laberinto, enseñando el camino, con la necesidad de que todos lleguen a salvo. Y sin embargo con pánico al alzar su primer vuelo.

No podría vivir como ella: con esa extraña y asombrosa manía de ir arreglando vidas, con esa inocencia que convierte en inconsciencia semejante esfuerzo, con esa sonrisa capaz de camuflar el mayor de los sufrimientos.

No podría vivir como ella: con esa fuerza en cada zancada, con ese trote de caballo salvaje herido en la batalla.

No podría vivir como, pero tampoco quiero vivir sin.

Me hace gracia:

es tu sonrisa la que tiende la mano para
llevarme a la salida del laberinto,

como si no hubiera sido ella
                            la que me señaló la entrada.

Al conocerte entendí
que eras un punto y final.

Como el suicida que deja de hacer planes
porque sabe que dejará a alguien esperando.

Así te conocí:
sabiendo que, tras besarte,
dejaría a alguien esperando

para siempre.

Era inevitable

Otra nueva victoria

Un libro de Karmelo en la mesa
y encima la pipa, llenándolo todo de humo,
le da un toque místico a la mirada.

Y en mi memoria,
tú.
Desnuda.
En aquel hotel de la Sierra.

Maldita sea, me digo.

Ya le he regalado al insomnio
otra victoria.

La realidad

Te fuiste ayer.

La realidad, al fin, explotó la burbuja.
Es la primera mañana
que me levanto
y no tengo que hacerte café,
no te oigo teclear
ni hablar por teléfono
sobre el IBEX 35,
      el mercado
           y el capital.

Es la primera mañana
que no espero,
como un idiota,
a que tengas un descanso
para darte un abrazo
y ánimos;
que no bajo a perderme por Barcelona
con el único objetivo
de encontrar algún detalle
que te mejore el día.

Es la primera mañana
que no puedo desear
que llegues de hacer deporte
para prepararte un baño,
echarte crema,
poner música
y servirte una copa de vino.

Es la primera mañana
que no voy a andar de
puntillas por tu casa,
que no voy a intentar
no hacer ningún ruido,
leer algún libro,
escribir un poco,
esperar a que llegue la tarde,
cierres el portátil
y vengas a tirarte en mi cama.

Es la primera mañana
de todas las que quedan
que me veo obligado a aceptar
que te has ido
y ahora las pequeñas cosas
han dejado de tener sentido.

Sus dianas

Convirtieron la sensibilidad en diana. Nos obligaron a caminar cargados de fachada. En esta fiesta de disfraces, ya nadie se atreve a ir sin careta por miedo a la bala. Sentenciaron al diferente a cadena perpetua de indiferencia, empujándolo a base de silencio al margen de unos renglones que nunca quiso ocupar; y, después, sin amparo ni consuelo, lo obligaron a sentirse culpable de su soledad.

Llenaron de prejuicios el diccionario y el espejo, te castigaron por usarlos, invadieron las calles con cánones y fabricaron con costura portuguesa la bandera de la libertad. Nos vendieron la meritocracia, la igualdad, el vuelo y hasta la felicidad. También nos la vendieron y, tan solo después de ocupar el epicentro del consumismo, nos contaron que había que renunciar a todo para poder conquistarla.

Escribieron la palabra utopía en todas las paredes de Gran Vía, haciendo de la sangre de nuestros sueños asesinados su tinta y de nuestro entierro su celebración.

Colocaron señales de prohibido en carreteras que nadie visitaba y señales de stop en cada *te quiero* dicho con la mirada. Nos pintaron la vida con un único sentido: el suyo; y despedazaron nuestra espalda con el látigo del régimen para que avanzaras con la cabeza baja —no fueses a ver que tu orgullo medía más que sus palabras.

Colapsaron de pegamento cada zapato fabricado por miedo a que nuestras piernas entendieran que, si un día aprendieron a andar, fue porque la meta era correr; y después llenaron de piedras todas las mochilas para enseñarte que la tierra está por encima del cielo, porque allí arriba ellos no mandan.

Lo invadieron todo de prohibiciones y carreteras sin salida. Pobres ilusos, no se dieron cuenta de que cada *por aquí, no* era una idea más para nuestro plan de huida.

Llegados a este punto,
si me preguntas por mi vida te
la resumiría en dos versos:

siempre quiero construir castillos de arena.
Siempre empiezo el día que llueve.

Por favor

A un mal poeta

Cuando mueras,
hazme un favor:
pide que te quemen
y que tus cenizas
se usen como algún tipo de abono natural.

Y que crezca un árbol.
A ver si
así, con un poco de
suerte, nos devuelves el
oxígeno
que con los folios de tus libros nos has robado.

Porque si no
serás el culpable
de un doble asesinato:

el de la poesía
y el del aire que has matado.

Merecida venganza

He estado media hora apoyado en la ventana.

Sin hacer nada.
Es domingo en Madrid.

Hoy mi especie debería estar inundando el Rastro,
brindando por la vida en Malasaña
o dejando a algún amor y guiñándole el ojo al siguiente.

Es domingo en Madrid.

Llevo media hora viendo llover
desde mi ventana
y el cielo está lleno de pájaros jugando.
Todos parecen dibujar con las alas la misma frase:

Ahora os jodéis, por inventar las jaulas.

Estoy dejando de quererte
y sé, por una vez,
que la culpa no es mía.

Estoy dejando de quererte
y lo sabes,
porque es lo que tú has querido.

La duda

La duda es una línea de hierro
sobre la que somos funambulistas.

Y por eso la calma
es el fin más preciado.
Llegar a la meta
y poder susurrar
he llegado.
Por eso me tengo que ir,
mi amor,
porque hay caminos
por los que ya no quiero caminar;
porque quisimos tanto
y tan bien
que, por un momento,
creí que habíamos sido nosotros
los creadores del verbo *querer.*
Por eso me marcho,
mi amor,
porque no quiero contaminar
el río que un día desembocó en nuestro mar privado.

Porque no quiero más incertidumbre,
más *quizá*,
más *no lo sé*.
No quiero más *puede ser*.

Y decirte esto es igual de triste
que ver una rosa marchita
con esa luz
de las cosas que un día brillaron.

Pero aquí hay demasiado camino
y yo ya
            me he desangrado caminando.

A veces,
la mejor forma de ganar
es aceptar a tiempo la derrota.

Por eso me marcho, mi amor,
porque dudaste
                tanto
                        y tan bien
que me acabaste brindando una certeza.

Por eso me marcho,
mi amor,
por respirar y decir
                he llegado.

A veces,

cuando caminamos juntos
por cualquier ciudad
y te paso el brazo por encima
para susurrarte algo al oído
y tú sonríes
de esa forma que solo tú sabes.

Como deslumbrando estrellas.

Como silenciando avenidas.

Como iluminando el camino.

Esas veces,
siempre pienso que deberíamos pedir perdón.

Deberíamos pedir perdón
por ser ese par de hijos de puta
que son felices hasta los lunes.

La vida

Hay sonrisas que la dan.

duchas calientes que la devuelven,

abrazos que la mantienen,

decisiones que la amargan,

amigos que la rescatan,

aventuras que la impulsan,

lunes que la matan,

resacas que la replantean,

besos que la elevan,

borracheras que la borran,

cigarros que la quitan.

Y, luego, estás tú

que simplemente
la pusiste en su sitio,
frente a mí,
      mirándome a los ojos
      para vivirla.

Luchar contra mí por ti
es una batalla perdida.

Debimos llamarnos, amor

No te pedí jamás
aquello que no te naciese,
pero debiste llamarme cuando la vida pesó
un poco más de la cuenta.
Cuando te faltó tiempo y te sobró vida.
Cuando el reloj siempre marcaba una nueva cita.
Cuando las obligaciones llenaron tu calendario.

Debiste llamarme, amor.

Cuando los días se sucedían
como hojas muertas en otoño,
repetidas y sin sentido,
en la avenida de cualquier gran ciudad.

Debiste llamarme, amor.

Cuando la felicidad
te parecía algo ajeno a ti.
Cuando las lágrimas
no pedían ya ni permiso para salir.

Debiste llamarme, amor.

Cuando llegaban los lunes
y la rutina quería ser la reina de nuestro baile.
Cuando pensabas
que no sumabas en mis días.
Cuando te faltó tiempo y te sobró vida.

Debiste llamarme, amor.

Cuando no me dejaste
enamorarme de ti.
Cuando el invierno quiso pelea
y no tenías abrigo.

Debiste llamarme, amor.
Porque jamás te daría algo que no quisiese.

Y yo debí haberte llamado, amor.

Cuando escuché *make you feel my love*
y Dylan me susurró este poema.
Cuando me sobró tiempo y me faltó vida
porque ya no estabas.
Cuando el frío quiso pelea
y a mí me sobraban los abrigos.

Debí haberte llamado, amor.

Cuando leí un nuevo libro
—uno de los buenos—
y algún verso me llevó a ti.
Cuando tuve buenas noticas
y no tenía con quien celebrarlas.
Cuando llegaron los golpes
y no tuve con quien curarlos.
Cuando hice café
y sobraba un vaso en la mesa.
Cuando nadie entendía
mis ausencias.

Debí haberte llamado, amor.

Cuando me sobró tiempo y me faltó vida
porque ya no estabas.
Cuando la vida me pedía
que la tomase en serio
y yo le hacía un corte de mangas.
Cuando, caminando por el Rastro,
encontré la trompeta azul.

Debí haberte llamado, amor.
Por eso debiste llamarme, amor.

Tendríamos que habernos llamado
cuando nos echamos de menos.

Cuando nuestros calendarios estuvieron repletos
pero solo podíamos pensar en esa cruz
que señalaba la próxima vez.
Cuando la distancia fue
un juego de niños
o un palo de madera intentando
frenar nuestro tren.
Cuando se nos ocurrió
otro nombre para esos hijos
que nunca tendremos
o nos saltó la alarma del futuro piso
en el que nunca viviremos.

Cuando nos faltó tiempo y nos sobró vida,
debimos llamarnos, amor.

Cuando nos sobró tiempo y nos faltó vida,
debimos llamarnos, amor.

Ser felices,
ganarle al invierno,
derrotar al tiempo,
asesinar a la
distancia
y cumplir algún que otro sueño.

Por todo eso, debimos habernos llamado, amor.
Porque el amor y la risa
siempre hubieran contestado al teléfono.

Pero ya no llames,
porque no hay nada más doloroso
en esta vida
que marcar el número del amor
y que te salte el contestador automático.

¿Cómo explicarle a mi soledad
que tu compañía la completa?

Como un tenista que pide disculpas
tras meter un punto que ha tocado la red.

Así te beso.

Suplicando perdón a la vida
por haber tenido tanta suerte.

España cañí

La España cañí,
en blanco y negro,

a la que nadie quiere volver;
a la que a veces, a fuerza de olvido,
volvemos.

La del aceite de ricino,
los piojos y los presos,
el exilio,
la guerra
y el padre asesino
del hijo muerto.

La de los pueblos separados
por una raya en medio
—tú, a un lado;
tú, al otro—;
que se levante el telón
y comience
el estruendo.

La España cañí,
en blanco y negro,

a la que nadie quiere volver;
a la que a veces,
a fuerza de olvido, volvemos.

A la del vecino del segundo
que denuncia al carnicero
porque la otra noche
lo vio bordando algo morado
en su chaleco.

A la de los garrotes
en la que el que mata
nunca muere primero.

A las mondas de patatas
que comió mi abuelo,
la pólvora,
la sangre
y el miedo.

A la del paredón y las fosas,
la cárcel y la historia.

La España cañí,
en blanco y negro,

Era inevitable

a la que nadie quiere volver;
a la que a veces,
a fuerza de olvido, volvemos.

A la de Lorcas,
                Machados,
                Albertis,
                Unamunos,
                Cernudas,
                Salinas,
                Buñueles,
                Rosas Chaceles,
                Las Trece Rosas,
                Campoamores
                            y los cementerios.

A la de por la espalda el disparo
porque no huía
pero tampoco era de los nuestros.
A la del hambre y el encierro,
a la de Franco bailando con Perón,
Millán y la legión
a la retaguardia del viejo continente
donde nadie quiso entrometerse
para alzar el duelo.

A las tropas,
los soldados,
los grises

y la benemérita;
a la del brazo alzado
y el sueño al cielo;
a la de la ley del silencio,
donde la libertad
era el precio a pagar
con la moneda del cuerpo.

La España cañí,
en blanco y negro,
a la que nadie quiere volver;
a la que a veces,
a fuerza de olvido, volvemos.

La del caudillo muriendo en la cama
y las balas por el suelo;
la de generales,
condes,
duques
y rey,
la de la ley del silencio.

A la del exilio,
el asesinato
y la persecución
del pensamiento.
A la de la falda por el tobillo
si quieres respeto,
el humo,

la ceniza
y los ceniceros.

A la del raciocinio escaso
y la cartilla de racionamiento;
a la de las fronteras,
los muros y la bandera roja o morada primero.

A la de veinte presas en un metro,
sin agua para beber durante semanas
y, enfrente,
un grifo abierto.

A la del ojo por ojo y el pueblo ciego;
a la de la letra
con sangre entra
y los zurdos
obligados a ser diestros.

A la de las monjas,
los curas,
el estraperlo,
la iglesia celebrando
que tiene monaguillo nuevo.
A la de los crucifijos
y dios,
la biblia y la gobernación,
donde las palizas
y los muertos

eran orden del superior
y su testamento.

A la del sacrilegio
y los mandamientos;
los maquis,
los montes
y, de nuevo, el miedo.

A la de dejar la familia
y *que no te vean conmigo*
por si mañana amaneces muerto.
A la de la policía de balcón
y dedo acusador;
a la de fregar
y dar palizas
si se levanta la voz.

A la de *a las mujeres*
hay que darles ejemplo.
A la del divorcio prohibido
pero con las putas,
los toros
y la escopeta
como Santo Grial.

La hipocresía y el odio hacia el hermano
que, por dos metros, es rival.

A la de las lágrimas por el hijo fugado
sin noticias durante años;
a la de la mujer de luto por el que dirá
el putero del pueblo.

La España cañí,
en blanco y negro,
a la que nadie quiere volver;
a la que, a veces, a fuerza de olvido,   volvemos.

La distancia

La única distancia
entre tú y yo
es el abismo
de un paso.

El que yo di
al frente
mientras tú lo dabas
hacia un lado.

Eres una cometa en medio de un vendaval

y no quiero hacer de mí el niño
que espera poder domarla
desde la orilla.

Todo muere.

Es la única verdad con la que nacemos
y, aun así, es el único miedo que nos acompaña.

Es domingo,
1 de septiembre.

Llueve a rabiar
y la melancolía nace en el asfalto.

Camino del centro veo a un tipo
sobre los cincuenta,
con gafas de sol
tomando una aspirina
y sorbiendo agua con la mano aún temblorosa.

Pienso que,
joder,
nos diferencian
tres generaciones,
pero anoche cometimos el mismo error:
pensar que se puede vencer a la vida.

Y sonrío recordando eso del ser
humano: la piedra
y los tropiezos.

¿No?

Es de madrugada en esta casa llena y vacía a la vez. Me asomo a la ventana y veo coches pasar con personas que no saben dónde van, pero llegan tarde. Luces encendidas en pisos también vacíos con miradas cansadas que agarran la mano al insomnio por resignación. Todos ellos ausentes de mí, yo mismo ausente del espejo.

Pienso: *el amor no duda.*
    El amor arrasa,
        abraza,
            se hace,
                lucha,
                    pero no duda.

Me autoconvenzo para tener fuerzas para irme o excusas por las que quedarme. No, el amor no duda. Es claro, dispersa nubes, acompaña al infierno, pide una última ronda después de las tres que iban a ser las últimas, canta en medio de un concierto privado en algún hotel perdido del norte, pero no duda. Observo la avenida, tan llena de farolas indicando el camino a la estación y nadie que la recorra.

Era inevitable

Pienso: *los trenes duermen,*
    la gente duerme,
        el amor no duda.

Me acabo el cigarro, busco el espejo más cercano, me miro a los ojos y me intento convencer de nuevo como se convence un suicida de que el mundo ya no merece su presencia.

El amor no duda.

Porque el amor no duda, ¿no?

Creo que no es tan difícil de entender,
aunque reconozco que sí lo es de aceptar.

No se puede avanzar con un coche
que tiene el freno de mano echado.

Con las personas pasa lo mismo.

En ocasiones,
al miedo le entra miedo
y nos deja vivir.

Cuando me encuentro
a gente a la que llevo mucho sin ver
—no más de un año y medio—
me fascina descubrir
qué guardan de mí,
de aquel breve o intenso periodo
que permanecí en sus vidas.
Quizá mi vicio por la lectura,
alguna mala experiencia,
una interminable borrachera,
un abrazo forzado
o una sonrisa sincera.

Me fascina también descubrir
qué les ha llegado de mí
en este breve o intenso periodo
de ausencia en sus vidas:
el estreno de mi último libro,
alguna mala borrachera,
un lío en el que me he metido
o nada.

Era inevitable

Tras el primer contacto,
sin excepción,
todos
me preguntan por ti.

Y entonces me avergüenza
—bastante—
pensar que he sido ese típico pesado
que un lunes de lluvia cualquiera
te calentaba la oreja
con eso de *tengo pareja y soy feliz*.
Me avergüenza haber sido
ese tipo de sinvergüenza.

A veces, tan solo hace falta
vivir dos situaciones iguales
con distinta compañía
para darte cuenta de a quién tienes al lado.

Hoy, por ejemplo,
mirando por la ventana,
he visto a una pareja besarse
bajo la lluvia y yo,
solo en casa,
me he muerto de envidia
y he pensado:
pobres ilusos.

Hace unos meses,
cuando vi a esa otra pareja besarse
bajo la lluvia
y te tenía apoyada en mi espalda,
sonreía pensando:
pobres aprendices.

El amor, en nuestro caso,
fue como aquellas revoluciones
de las que tanto nos gustaba hablar:

una utopía que se mantenía bien en el folio,
pero que causaba demasiadas bajas en la práctica.

Cada carta que te escribo

Cada carta que te escribo me sabe a despedida y no sé —es más, no quiero saber— si estoy en lo cierto. No quiero ni saberlo ni aceptarlo, pero tu recuerdo se va diluyendo como aquellas cosas que no permanecen en la memoria pero dejan un sabor dulce en el corazón. Como una cucharada de azúcar en el séptimo café caliente de tu mañana. *¿Qué nos pasó?* debe ser la pregunta más repetida de la historia y, aunque creo que en nuestro caso puede ser respondida, prefiero seguir dejando al silencio sumarse esta nueva victoria. ¿Qué quedará de nosotros cuando el folio en blanco no aguante el peso de nuestro adiós? ¿Dónde irán a parar los lugares que visitamos y que siguen creyendo en nuestra promesa de volver? ¿Quién cuidará del amor ahora que, después de tanto tiempo caminando, lo descubrimos con los pies llenos de llagas, las manos sangrando y el corazón en deuda? Pero lo descubrimos. Y no hay nada más triste en esta vida que gastar el alma en calentar un hogar y abandonarlo dejando las puertas abiertas.

¿Qué pasará con todos los planes que lanzamos al viento? Solo espero que no vuelvan como un bumerán cuando haya conseguido olvidar que un día juré despertarte con un beso cada mañana. ¿Dónde se acostará ahora la pasión, si solo le hemos dejado una cama revuelta, fría y sola porque éramos tan felices haciendo hogueras en ella que nadie se acordó de que, cuando llega la tormenta, hace falta tener previsiones de leña?

¿Qué hago ahora con estos dedos que siempre se habían sentido inútiles hasta que descubrieron su trabajo firmando un contrato indefinido como narradores de nuestra historia; esta que siempre quisimos vivir, pero nunca creímos merecer?

¿Dónde coloco los miedos si después de tanto tiempo tú me enseñaste que es necesario llevarlos encima? Porque para ser temerario hace falta dominar miedos; para ser valiente, hace falta tener miedos; para saber vivir, hace falta albergar miedos; porque es necesario tener algo a lo que vencer. Ese es el sentido de la vida. Esa era tu magia: la de encontrar y enseñarme el origen de todas aquellas cosas que siempre me habían molestado de mí mismo.

Cada carta que te escribo me sabe a despedida y no sé —es más, no quiero saber— si estoy en lo cierto.

Ni saberlo
ni aceptarlo.

Pero cada verso que escribo es un paso más hacia el abismo de tu olvido.

Si no me abriga tu verdad
prefiero morir de frío entre silencios.

Tu recuerdo

A veces aparece sin avisar.
Siempre me pilla en mal momento y siempre me arrepiento de darle las llaves de casa.

Como te iba contando, aparece sin avisar. Ni siquiera saluda, por cierto. Abre la nevera, busca alguna botella de vino de esas que guardo en secreto para algún momento de los que nunca llegan, la abre y se sienta en algún lado a beber tranquilamente. No dice absolutamente nada, solo mira. Las primeras veces que me lo encontraba por sorpresa no sabía cómo actuar. Me sentía incómodo. Me sentaba cerca intentando buscar alguna palabra, un gesto, una explicación. Con el paso del tiempo, me he acostumbrado a vivir con sus apariciones. Cuando se acaba la botella de vino empieza su ritual: primero me clava un par de momentos felices en el costado, después sigue con una patada de remordimientos en la boca del estómago, un par de reproches que normalmente me parten el labio y acaba con una puñalada de pasado que no volverá a la altura del pecho.

A continuación, y siempre como te he dicho, sin decir ninguna palabra, me revuelve la habitación, los libros, los poemas, los folios, las fotografías, los cuadros… Lo deja todo hecho un caos, me vuelve a mirar fijamente y se va.

Como si nada hubiese pasado.
Como si no me hubiera destrozado.

Todavía no me termino de acostumbrar a mi pasado,
por eso me sigue doliendo cuando me viene a visitar,
por sorpresa y sin hablar,
                    tu recuerdo.

Sé lo que no quiero,
por lo tanto
según una ley no escrita
que nunca he comprendido
debería saber lo que sí quiero,
pero hasta para eso

soy anárquico.

A veces,

el olvido

se viste de gala, te guiña un ojo,
te invita a una copa, te susurra al oido,
se desnuda y se mete en tu cama.

Y no te queda más remedio que meterle mano.

Las despedidas

Al morir el día,
moriremos nosotros con él
y lo sabemos.

No hablo de muerte física,
de esa que temen algunos.
Del telón cerrado,
pijama de pino
y amén.

No, esa es una muerte vulgar
—mundana, diría yo—.

De la que hablo es mucho peor.

Al irse el sol,
cuando la oscuridad comience
a invadir con el batallón del frío
todo aquello que antes retuvo calor;
cuando nazca la primera estrella
y muera el último rayo;
cuando eso pase,

morirá para siempre
la primera persona del plural.

Y nosotros con él.

Un día, de repente, ves a tu padre tachando números de teléfono en su agenda. Amigos que se van, el paso del tiempo y esas cosas. Ese día comprendes que, quizá, la vida se lo está empezando a tomar en serio.

Y que todo lo que debes saber de la muerte está en un número de teléfono tachado en la agenda de tu padre.

Siempre he pensado
que la gente que pita
a las personas que se están sacando
el carnet de conducir
o que aún marchan con la L

                    no es de fiar.

Siempre lo he pensado:

                    no puede ser de fiar
                    alguien que olvida
                    tan rápido su pasado.

Ticket regalo

El otro día una amiga me pidió que recogiese a su hermano pequeño del colegio y al llegar, sinceramente, me invadieron unas ganas horribles de pedir el ticket regalo de la madurez.

Echo de menos aquellas tardes lluviosas de invierno en las que volvía a casa agarrado de la mano de mi abuelo, esquivando charcos, pisando hojas secas en la avenida como un gigante que lucha contra la civilización culpable.

Echo de menos el olor a castañas, el sabor a hogar, sentarme cerquita de la estufa para hacer los deberes, y ese momento inexplicable pero mágico en que me sacaba del bolsillo dos centímetros cuadrados de folio arrugado en el que te había escrito *¿quieres ser mi novia?* y que te había entregado a través de una cadena de mensajeros que intercambiaban mi felicidad de mano en mano hasta ti. Esa nota con tu respuesta que me había prometido no abrir hasta llegar a casa, como si de aquella decisión dependieran mil vidas, un gobierno o la deriva de todo un imperio.

Echo de menos que mi madre me arrope por las noches envolviéndome por los lados como un buñuelo. Echo de menos aquella casa de mi infancia donde las ventanas dejaban silbar y cantar al viento para que nosotros nos aprendiéramos de memoria el estribillo del single de la vida. Echo de menos ver ese *sí* rodeado a lápiz, esa noche en la que miraba al techo y me dolía la tripa pensando en ti, esa mañana, bolsa de plástico en mano con balón dentro, patada al viento y contra todos.

Echo de menos llegar a la fila, mirarte de reojo y sentir verdadero terror, reírme a escondidas y no saber cómo acercarme a ti, y no saber qué se hace cuando se tiene la responsabilidad de ser novio de alguien.

Echo de menos ese primer beso en el que todas las paredes tenían ojos y nos sentíamos los mayores delincuentes de la historia de la humanidad. Y aquella promesa de que nadie podía conocer nuestro secreto.
Que nadie podía conocer nuestro beso.

Y nadie sospechaba siquiera que dos centímetros cuadrados de folio pudiesen contener la felicidad.

Echo de menos la ilusión, los *sí* rodeados a lápiz, el olor a castaña, los paseos en días lluviosos, el amor inocente, el beso valiente…

La vida.

Y creo que no es reembolsable a no ser que consiga encontrar ese maldito ticket regalo de la madurez.

No entiendo

No entiendo, ¿cómo puedes estar triste teniendo tantas cosas cerca?

¿Ansiedad? Eso en mi época no existía, pero es que ahora sois muy blanditos.

Depresión, bulimia, anorexia, ansiedad, ¿suicido? Sí, suicido, eso son cosas de ahora. Depresión, bulimia, anorexia, ansiedad, bipolaridad, esquizofrenia, ¿suicido? Sí, suicidio. Nada, que es que le dais mucha importancia a las cosas. Eso son cosas de niños.

El paro juvenil, las expectativas, el *esfuérzate, que ya llegará ese algo que nunca llega*, la falta de futuro; las redes sociales, las opiniones, el cuerpo perfecto, la comida sana, descansa, que estás muy flaco o flaca, no comas tanto, que te vas a poner como un tonel; ¿has acabado ya la carrera?... Menudas ojeras, bueno, ya encontrarás algo mejor... ¿Con treintaicinco sigues viviendo con tus padres? ¿Qué quieres con treintaicinco, estar cobrando lo que cobro yo? Eso era antes. ¿Estudias y trabajas? ¡Qué valiente! Romantización de la pobreza, expectativas, cánones... Yo a tu edad tenía dos hijos, una casa, un piso en la playa, me había casado y hacía viajes cada dos por tres. ¿Ansiedad? ¿Depresión? ¿Miedo al fracaso? ¿Estrés? ¿Cánones? Ah, no, coño, calla, que eso en tu época no existía.

Meritocracia, esfuerzo, seguir, sudar, luchar, estudiar, trabajar, adelgazar, hacer deporte, estudiar más, no llego a fin de mes…, trabajar más, suspenso, trabajar más, me quitan la beca, estudiar más, no llego a fin de mes… Fulanito tiene tu edad y fíjate todo lo que ha conseguido. Expectativas, miedo al fracaso, miedo a decepcionar, hacer ejercicio, adelgazar, existo, independencia, graduarme, ojeras, insomnio, ansiedad, depresión.

De verdad, te lo digo yo, parece mentira que aún no sepas que soy experto, vulcanólogo, periodista deportivo, económico, científico, pandemiólogo y, por supuestísimo, psiquiatra y psicólogo.

Es que, de verdad, no entiendo cómo puedes estar triste teniendo tantas cosas cerca.

Lo tengo claro

Lo tengo claro.
Por primera vez en mucho tiempo,
lo tengo claro.
Y mira que, dicho por mí
y tratándose de amor,
suena, sinceramente, bastante raro.

Sé que acabo de llegar a tu vida,
que el tiempo dirá,
que es pronto para pronosticar,
pero sin título ni carrera
me atrevo a decirte
que se avecina una tormenta emocional.

Sé que quizá sea arriesgado;
que he quitado el freno de mano, he
cerrado los ojos y he acelerado
Y sé también que el muro al final del camino
me mira mordiéndose los labios.
Pero esta vez prefiero
        estrellarme contigo
                a seguir midiendo mis pasos.

Lo tengo claro.
Por primera vez en mucho tiempo,
lo tengo claro.
Y mira que, dicho por mí
y tratándose de amor,
suena, sinceramente, bastante raro.

De mí, que dudo de hasta lo sentenciado;
que me boicoteo para no seguir andando;
que he aguantado el beso por miedo al guantazo;
y me he desangrado en sueños
para no tener que aceptar
que los tenía al alcance de la mano.

Lo tengo claro
por primera vez en mucho tiempo;
así que perdón
por la intensidad,
el amor y el revuelo.

Sé que soy un tornado de cariño
y que no soy capaz de vivir
si no muero en el intento;
pero entiende también
que cuando solo queda una bala en el tambor
tienes que elegir muy bien el disparo.
Y yo contigo
        ya estoy apuntando.

Perdón de nuevo
por la intensidad,
el amor y el revuelo,
pero no sabía qué hacer
con esta extraña felicidad que me invade
y he venido aquí a contarlo.

Cuando estés perdido y no sepas quién eres,
pregúntate cómo eres con quien quieres.

Cómo duele

Cómo duele cuando dejan de doler
las canciones que dolieron demasiado.
Cuando ya no se dibuja una sonrisa
al invadirte el recuerdo.
Cuando ya no se mueve nada dentro
porque asumes que todo ha muerto.

Cómo duele cuando dejas de creer
que podría volver a funcionar;
cuando aceptas la derrota de que el tiempo se acabó
y que la vida, en esta ocasión,
ya no brindará otra oportunidad.

Cómo duele verte sin verme reflejado en tus ojos.
Cuando paseo por Madrid y, al oler tu perfume,
no miro de reojo.
Cuando dejas de confiar en la suerte y el azar
de que, quizá, mañana, por algún pequeño milagro,
volverá la magia del amor de lo cotidiano
y, al abrir la puerta, me estarás esperando.

Cómo duele cuando dejas de maldecir
el paso del tiempo y el pasado.
Cuando el ayer es un amigo extraño
al que guardas cierto cariño
pero al que ya no te apetece ver demasiado.

Cuando todo lo que algún día te hizo feliz
se va tiñendo de nublado.
Cuando ya no quieres ir
a donde juraste volver
aunque te desangrases regresando.

Cómo duele ser capaz de pasar página
y ver que el siguiente capítulo no estaba en blanco;
que, aunque pensaste que todo se acaba,
acabarse era otra manera extraña
de seguirlo intentando.

Cómo duele aceptar que el amor
me hizo perdonar demasiado,
rebajar las expectativas,
conformarme con lo que me han negado.

Cómo duele que ya no duela imaginarte en otros labios.

Cómo duele que ya no duelan
las canciones que siempre dolieron tanto.

Cómo duele que, por primera vez, después de tantos años,
pueda cerrar los ojos,
suspirar
y
afirmar
con total seguridad
              que te he olvidado.

¿Te acuerdas?

¿Te acuerdas de cuando nos separamos?

¿De aquel preciso, inexplicable e ilógico momento en el que decidimos que nos hacíamos mejores cada uno por nuestro lado?

¿Te acuerdas?

Cuando dejé ganar a las dudas, al miedo, a ese imbécil pensamiento de que nuestro futuro no era nuestro, sino tuyo y mío. Cuando cometí el mayor crimen de la humanidad convirtiendo el *tú* y el *yo* en simples pronombres que nunca conjugarían un *nosotros*.

No sé si te acordarás.

Ha llovido bastante desde que me quise convencer de que el mañana era imposible juntos, desde que me inventé una interminable lista de excusas para no afrontar que eras lo mejor que me había pasado en la vida.

¿Te acuerdas? Dime, porque yo… no lo olvido.

No olvido el momento exacto en el que decidí tirarlo todo por la borda, hacerme pequeñito ante el amor, jugarme el corazón en una apuesta que siempre estuvo perdida, cerrar la puerta y condenarme a arrastrar hasta el día de hoy aquella decisión.

¿Te acuerdas? Porque yo… no puedo olvidarlo.

Cada vez que te veo entrar en cualquier bar se me abre el cielo de tu mirada en la boca de este estómago cansado de tener hambre; de este tipo al que se le doblan las piernas al abrazarte, al que se le ahoga el *te echo de menos* en la punta de una lengua que se siente extranjera desde que eligió exiliarse de tus labios; de este idiota con aspiración de *rock star* que nunca supo ni quiso frenar cuando, en realidad, estaba avanzando con el freno de mano echado.

¿Te acuerdas ya?

Cuando quise huir de la felicidad pensando que así mis letras tendrían algo más que contar; cuando quise ser artista y me olvidé el corazón en aquella cama que tanto nos gustaba dejar deshecha cada mañana, porque pensábamos que la vida ya nos imponía demasiado orden ahí fuera como para no poder tener nuestro pequeño espacio de anarquía.

¿Te acuerdas de cuando nos separamos?

De aquel
preciso,
inexplicable
e ilógico momento

en el que decidí que ese futuro incierto
—que nunca ha llegado, por cierto—
ganase la batalla.

               y yo perdiera al amor de mi vida.

Dime, ¿te acuerdas de cuando nos separamos?
Porque yo… no lo olvido.

Tenemos un café pendiente

Tenemos un café pendiente.
Cuando los miedos decidan
dejar de librar batalla en nuestro interior;
cuando la fiesta de disfraces se termine
y nos demos cuenta
de que no necesitamos desprendernos
de la máscara,
porque fue comenzar el baile y vernos
cuando otros tan solo miraban.

Tenemos un café pendiente.
Cuando aceptemos que la vida,
a veces, aunque nos joda, es sencilla;
cuando nos cansemos de complicar
la existencia,
el amor y los abrazos;
cuando soltemos el puñal,
la cicuta y el látigo
y nos rindamos ante el milagro
de dejarnos ser, sin más.

Tenemos un café pendiente.
Cuando seamos capaces

de dar un paso adelante,
cuando dejemos de espiar al de enfrente
para correr en dirección contraria,
cuando queramos abrir los ojos,
porque, a veces, la felicidad está al alcance de todos,
pero insistimos en cerrar los ojos.

Tenemos un café pendiente.
Cuando queramos que nos quieran,
cuando entendamos que nos queremos,
cuando queramos querernos.

Tenemos un café pendiente.
Solo espero
          que no llegue
                    demasiado tarde.

Epílogo

Al pasar de los años,
¿qué sentiré
leyendo estos poemas
de amor que ahora te escribo?
Me lo pregunto porque está desnuda
la historia de mi vida frente a mí,
en este amanecer de intimidad,
cuando la luz es inmediata y roja
y yo soy el que soy
y las palabras
conservan el calor del cuerpo que las dice.

LUIS GARCÍA MONTERO

Solemos hablar en pasado para evitar hablar del futuro, pero el incendio empieza cuando decides dejar tu propio silencio por escrito. Lo haces porque sabes que la poesía es eterna. Ahora que habéis leído sobre las despedidas, me gustaría decir que siempre he sido más de principios.

El día que nos conocimos, yo amenacé con no saber despedirme, él amenazó con nunca hablar de amor. Creo que uno de los dos tenía que dar su brazo a torcer.

Cogí un avión un mes después de conocernos.
Él saltó de un puente conmigo apenas una semana después.
Le empujé al vacío en el sentido literal y creo que aún me lo está devolviendo, porque lo que yo entonces no sabía es que este folio en blanco da más vértigo.

La primera vez que me escribió fue una nota de papel que pasó por debajo de la puerta del baño, en casa de un amigo que resultó que no conocía tanto como yo asumí cuando subía a ese avión. Ahora sé que suele hacerlo. Lo de las notas de amor, también.

Vivimos, bebimos, anochecimos en la playa de Benijo y nos reímos, mucho. Volvimos a hacerlo en el norte, en el coche y hasta en Madrid.

Nunca nos despedimos, aunque aún no hemos llegado a un acuerdo sobre esta parte.

Aún no es el final.
La historia se repite con un año de diferencia. Ya no es verano ni es Madrid. Es septiembre, otra ciudad y no dejamos de hacerlo. Siempre las despedidas…

Hablar de amor no implica que sea sencillo, y más si somos maestros en el arte de esconder y escondernos. Ahora bien, no todos se sientan delante de él, cierran la puerta de emergencia y se juegan el desnudo del silencio tras un muro que nunca ha caído en una partida de ajedrez (quienes me conocen saben la inmensidad de silencio a la que me refiero).

Para entonces, nunca hubo suficiente vino.

Leyendo estos poemas he aprendido que los silencios tenían mucho que decir, que las ausencias son un juego de escondite y que los monstruos, como dice Leiva, solo están en tu cabeza.

Y aquí están: cartas de amor que nunca fueron enviadas, porque no hacía falta. Las leíamos desayunando en algún hotel del norte y se escribían todas las noches en la habitación de al lado.

Jaque mate.

Posdata: Este libro existe porque gané un sorteo —trucado— aunque no lo sabía. Como decía, siempre he sido más del principio de la película.

Gracias, Eme.

Te quiero.

K.

…era inevitable.

Índice

Este libro
se terminó de imprimir
en el mes
de enero de 2023